Impressum
Verlag: BABADADA GmbH, Nedderfeld 112 , 22529 Hamburg
Geschäftsführer / Verlagsleitung: Harald Hof
Druck: Books on Demand GmbH, In de Tarpen 42, 22848 Norderstedt

Imprint
Publisher: BABADADA GmbH, Nedderfeld 112 , 22529 Hamburg, Germany
Managing Director / Publishing direction: Harald Hof
Print: Books on Demand GmbH, In de Tarpen 42, 22848 Norderstedt, Germany

dividieren
delen

186/2

die Tafel
de Tafel

das Klassenzimmer
de Klassenstuuv

der
de

der Lehrer
de Schoolmeester

das Papier
dat Papeer

schreiben
schrieven

der Stift
de Sticken

der Schreibtisch
de Schrievdisch

das Lineal
dat Lienholt

das Buch
dat Book

die Schüler
de Schöler

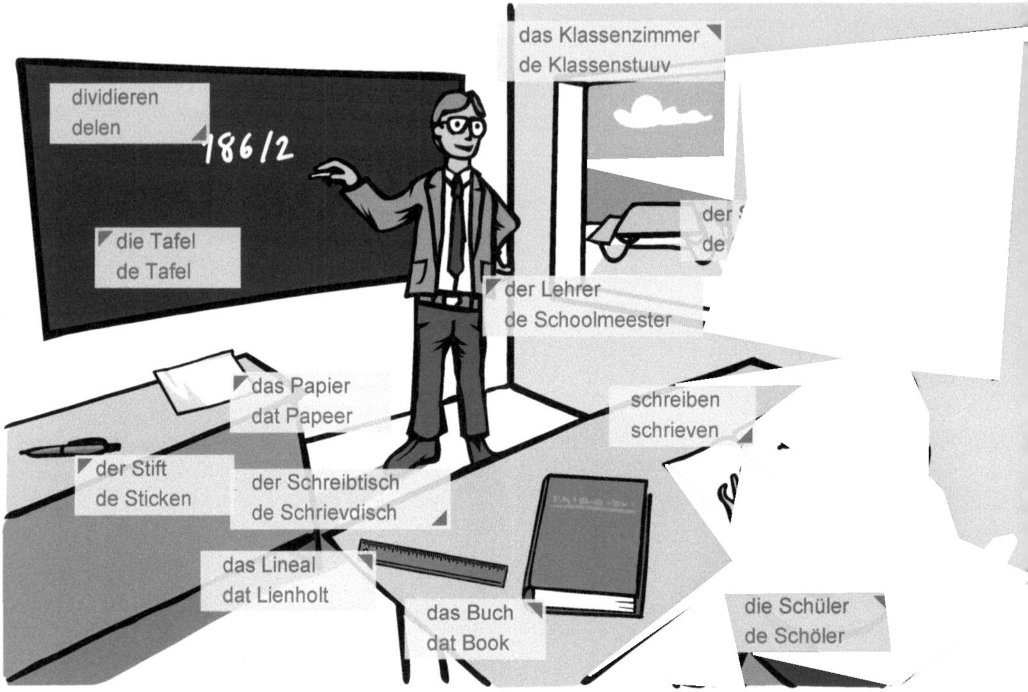

der Ranzen
de Ranzel

die Federmappe
de Feddermapp

der Bleistift
de Bleesticken

der Bleistiftanspitzer
de Scharpmaker

das Radiergummi
dat Radeergummi

der Zeichenblock
de Tekenblock

die Zeichnung
de Teken

der Pinsel
de Pinsel

der Malkasten
de Malkassen

die Schere
de Scheer

der Klebstoff
de Klever

das Übungsheft
dat Heft to'n Öven

die Hausaufgabe
de Huusopgaav

die Zahl
de Tall

addieren
tohooptellen

subtrahieren
aftrecken

multiplizieren
malnehmen

rechnen
reken

der Buchstabe
de Bookstaav

das Alphabet
dat ABC

das Wort
dat Woort

der Text

de Text

lesen

lesen

die Kreide

de Kried

die Stunde

de Stunn

das Klassenbuch

dat Klassenbook

die Prüfung

de Pröven

das Zeugnis

dat Tüügnis

die Schuluniform

de Schooluniform

die Ausbildung

de Utbillen

das Lexikon

dat Nakieksel

die Universität

de Universität

das Mikroskop

dat Mikroskop

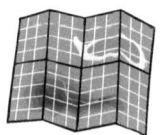

die Karte

de Koort

der Papierkorb

de Papeerkorf

die Schule - de School

de Törn

das Hotel
dat Hotel
Grand
die Herberge
de Harbarg
ROOMS
die Wechselstube
de Wesselstuuv
der Koffer
de Kuffer
das Auto
dat Auto

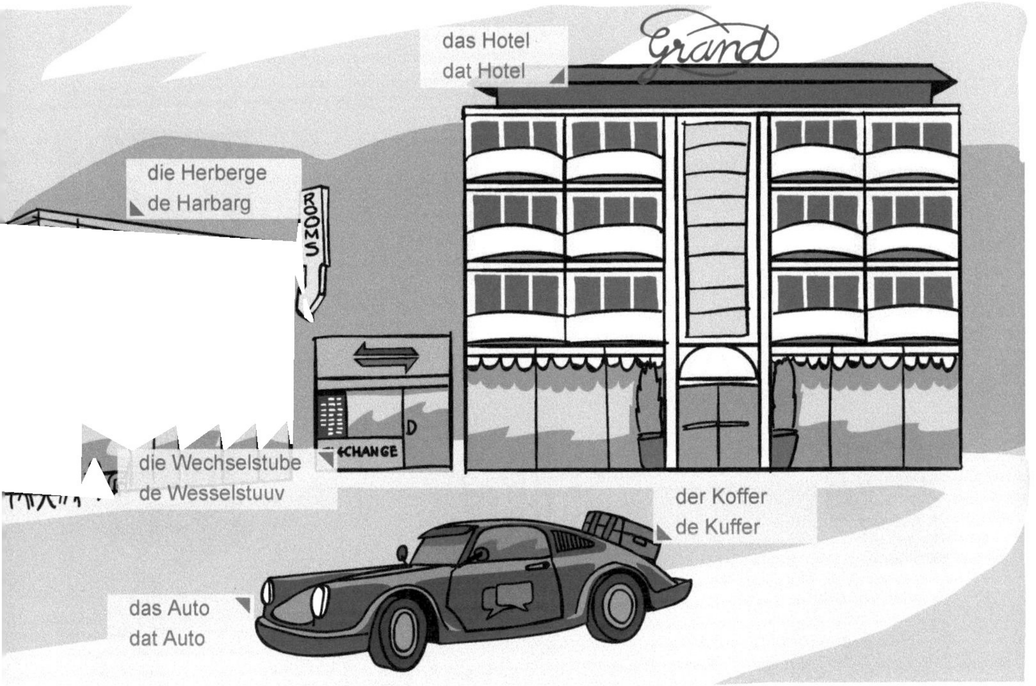

die Sprache

de Spraak

ja / nein

jo / ne

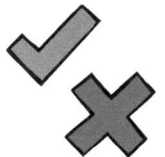

Okay

Jo

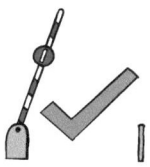

Hallo

Moin

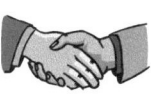

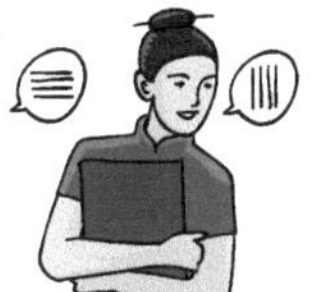

der Übersetzer

de Översetter

Danke

Dank ok

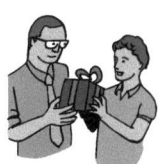

Was kostet...?

Wat kost...?

Ich verstehe nicht

Ik verstah nich

das Problem

dat Problem

Guten Abend!

Goden Avend

Guten Morgen!

Moin!

Gute Nacht!

Gode Nacht!

Auf Wiedersehen

Tschüüs

die Richtung

de Richt

das Gepäck

de Bagaasch

die Tasche

de Tasch

der Rucksack

de Rüchsack

der Gast

de Gast

das Zimmer

de Stuuv

der Schlafsack

de Slaapsack

das Zelt

dat Telt

die Touristeninformation

e Touristeninformatschoon

der Strand

de Strand

die Kreditkarte

de Kreditkoort

das Frühstück

dat Fröhstück

das Mittagessen

dat Meddageten

das Abendessen

dat Avendeten

die Fahrkarte

de Fohrkort

der Fahrstuhl

de Fohrstohl

die Briefmarke

de Breefmark

die Grenze

de Grenz

der Zoll

de Toll

die Botschaft

de Bottschop

das Visum

dat Visum

der Pass

de Pass

de Transport

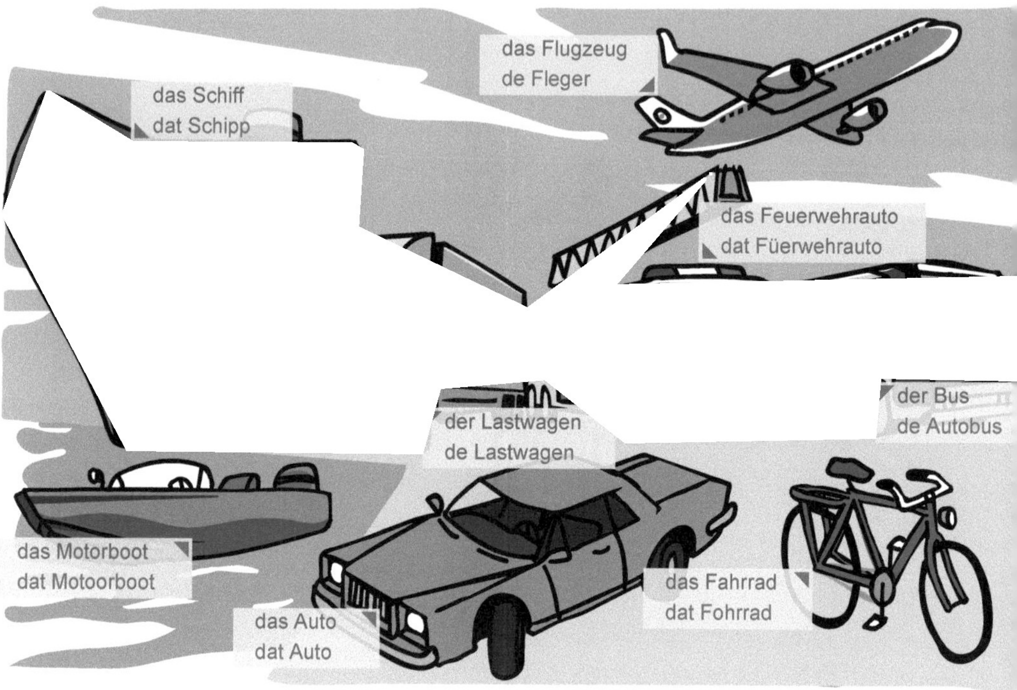
das Flugzeug
de Fleger
das Schiff
dat Schipp
das Feuerwehrauto
dat Füerwehrauto
der Lastwagen
de Lastwagen
der Bus
de Autobus
das Motorboot
dat Motoorboot
das Auto
dat Auto
das Fahrrad
dat Fohrrad

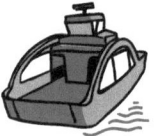

die Fähre

de Fähr

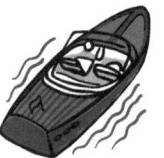

das Boot

dat Boot

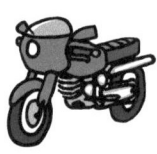

das Motorrad

dat Motoorrad

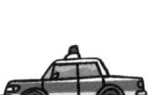

das Polizeiauto

dat Polizeiauto

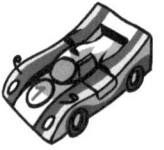

das Rennauto

dat Rönnauto

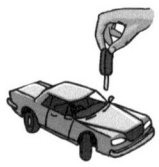

der Mietwagen

de Lehnwagen

das Carsharing

dat Carsharing

der Abschleppwagen

de Afsleepwagen

das Müllauto

dat Müllauto

der Motor

de Motoor

der Kraftstoff

de Kraftstoff

die Tankstelle

de Tanksteed

das Verkehrsschild

dat Verkehrsschild

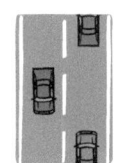

der Verkehr

de Verkehr

der Stau

de Stau

der Parkplatz

de Afstellplatz

der Bahnhof

de Bahnhoff

die Schienen

de Sporen

der Zug

de Tog

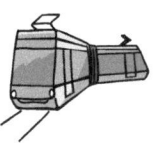

die Straßenbahn

de Stratenbahn

der Wagon

de Wagon

der Helikopter
de Dwarsmöhl

der Flughafen
de Flooghaven

der Tower
de Tower

der Passagier
de Fohrgast

der Container
de Grootkist

der Karton
de Karton

der Karren
de Koor

der Korb
de Korf

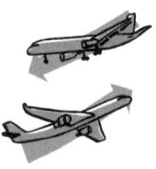

starten / landen
starten / lannen

de Stadt

das Dorf
dat Dörp

das Stadtzentrum
de Binnenstadt

das Haus
dat Huus

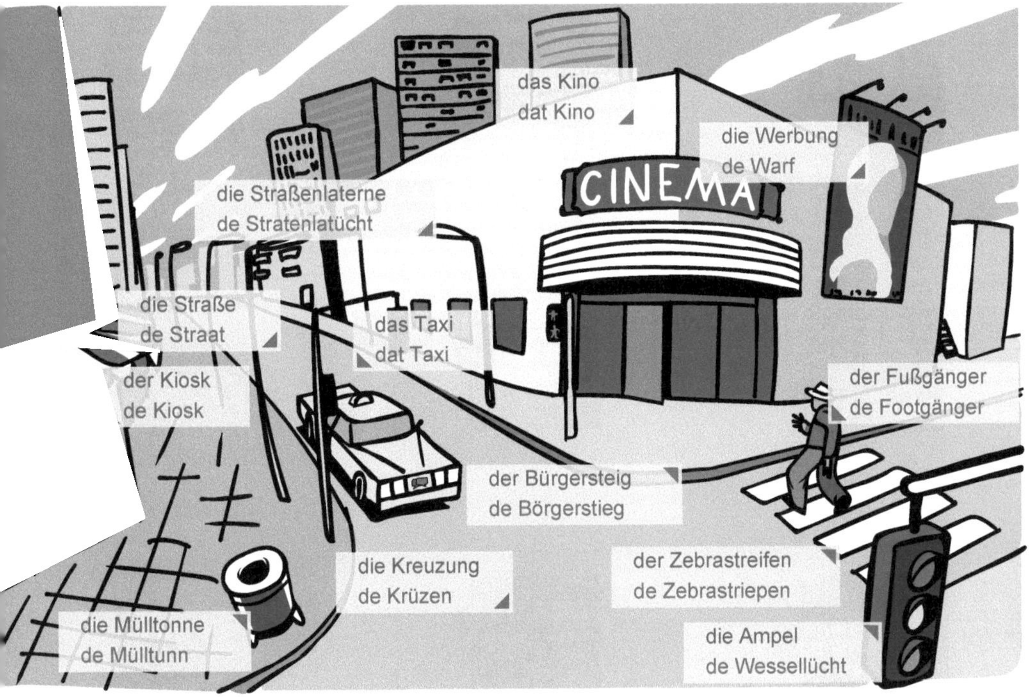

das Kino
dat Kino

die Werbung
de Warf

die Straßenlaterne
de Stratenlatücht

CINEMA

die Straße
de Straat

das Taxi
dat Taxi

der Kiosk
de Kiosk

der Fußgänger
de Footgänger

der Bürgersteig
de Börgerstieg

die Kreuzung
de Krüzen

der Zebrastreifen
de Zebrastriepen

die Mülltonne
de Mülltunn

die Ampel
de Wessellücht

die Hütte
de Hütt

die Wohnung
de Wahnung

der Bahnhof
de Bahnhoff

das Rathaus
dat Raathuus

das Museum
dat Museum

die Schule
de School

die Universität

de Universität

die Bank

de Bank

das Krankenhaus

dat Krankenhuus

das Hotel

dat Hotel

die Apotheke

de Afteek

das Büro

dat Büro

die Buchhandlung

de Bookhökerie

das Geschäft

de Hökerie

der Blumenladen

de Blomenhökerie

der Supermarkt

de Supermarkt

der Markt

de Markt

das Kaufhaus

dat Koophuus

der Fischhändler

de Fischhökerie

das Einkaufszentrum

dat Inkoopszentrum

der Hafen

de Haven

der Park
de Parkanlaag

die Bank
de Bank

die Brücke
de Brüch

die Treppe
de Trepp

die U-Bahn
de Ünnergrundbahn

der Tunnel
de Tunnel

die Bushaltestelle
de Busstoppsteed

die Bar
de Bar

das Restaurant
dat Spieslokal

der Briefkasten
de Breefkassen

das Straßenschild
dat Stratenschild

die Parkuhr
de Parkklock

der Zoo
de Deertenpark

die Badeanstalt
de Baadanstalt

die Moschee
de Moschee

der Bauernhof
de Buernhoff

die Umweltverschmutzung
de Ümweltversmudden

der Friedhof
de Karkhoff

die Kirche
de Kark

der Spielplatz
de Speelplatz

der Tempel
de Tempel

de Landschop

das Blatt
dat Blatt

der Wegweiser
de Wiespahl

der Weg
de Weg

die Wiese
de Wisch

der Stein
de Steen

der Baun
de Boom

der Wanderer
de Wannerer

der Fluss
de Fluss

das Gras
dat Gras

die Blume
de Bloom

das Tal

dat Daal

der Berg

de Barg

der See

de See

der Wald

dat Holt

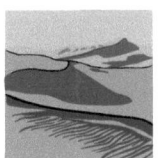

die Wüste

de Wööst

der Vulkan

de Füerspien Barg

das Schloss

dat Slott

der Regenbogen

de Regenbagen

der Pilz

de Poggenstohl

die Palme

de Palm

der Moskito

de Steekmück

die Fliege

de Fleeg

die Ameise

de Miegeemk

die Biene

de Imm

die Spinne

de Spinn

der Käfer

de Sebber

der Frosch

de Pogg

das Eichhörnchen

de Katteker

der Igel

de Swienegel

der Hase

de Haas

die Eule

de Uul

die Vogel

de Vagel

der Schwan

de Swaan

das Wildschwein

dat Wildswien

der Hirsch

de Hirsch

der Elch

de Elk

der Staudamm

de Staudamm

das Windrad

dat Windrad

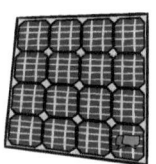

das Solarmodul

dat Solarmodul

das Klima

dat Klima

dat Spieslokal

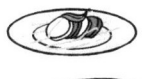

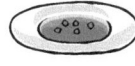

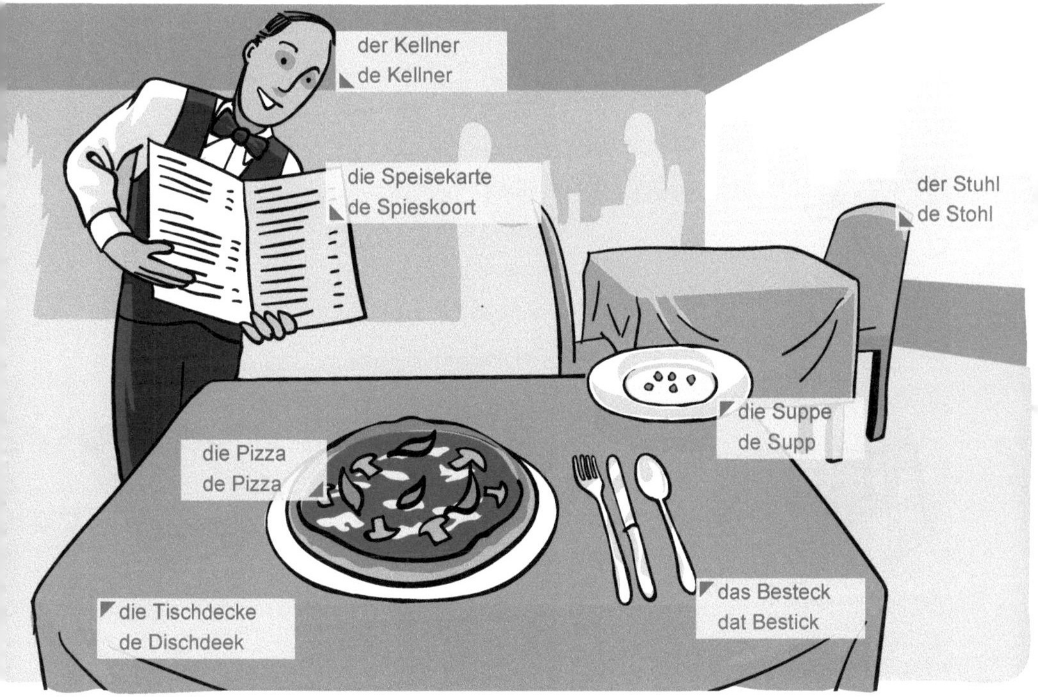
der Kellner
de Kellner
die Speisekarte
de Spieskoort
der Stuhl
de Stohl
die Suppe
de Supp
die Pizza
de Pizza
das Besteck
dat Bestick
die Tischdecke
de Dischdeek

die Vorspeise

de Vörspies

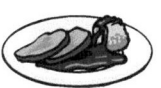

das Hauptgericht

dat Haupteten

die Nachspeise

de Nadisch

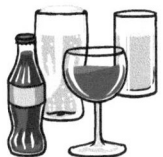

die Getränke

de Drünk

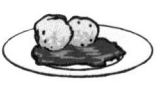

das Essen

dat Eten

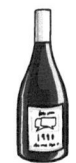

die Flasche

de Buddel

das Fastfood

dat Fastfood

das Streetfood

dat Strateneten

die Teekanne

de Teekann

die Zuckerdose

de Zuckerdoos

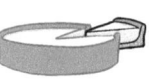

die Portion

de Portschoon

die Espressomaschine

de Espressomaschien

der Hochstuhl

de Hoochstohl

die Rechnung

de Reken

das Tablett

dat Tablett

das Messer

dat Mess

die Gabel

de Gavel

der Löffel

de Lepel

der Teelöffel

de Teelepel

die Serviette

dat Munddook

das Glas

dat Glas

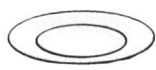

der Teller
de Töller

der Suppenteller
de Suppentöller

die Untertasse
de Ünnertass

die Sauce
de Sooß

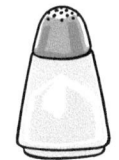

der Salzstreuer
de Soltstreuer

die Pfeffermühle
de Pepermöhl

der Essig
de Etig

das Öl
dat Ööl

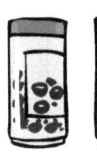

die Gewürze
de Krüder

das Ketchup
de Ketchup

der Senf
de Mostrich

die Mayonnaise
de Mayonnaise

de Supermarkt

das Angebot
dat Anbott
der Kunde
de Kunn
die Milchprodukte
de Melkprodukten
der Einkaufswagen
de Inkoopswagen
FOR

BUTCHERS

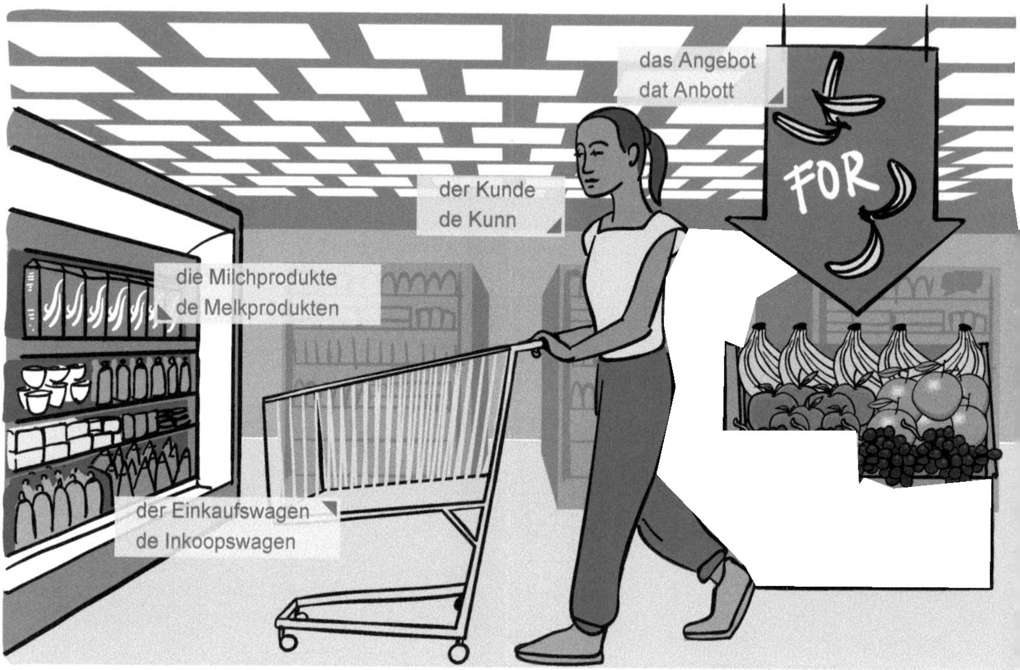

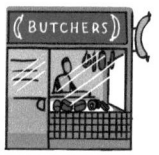

die Schlachterei

de Slachterie

BAKERY

die Bäckerei

de Bäckerie

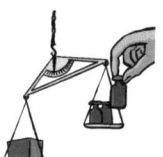

wiegen

wegen

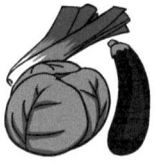

das Gemüse

de Gröönsaken

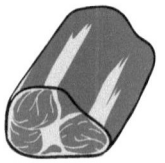

das Fleisch

dat Fleesch

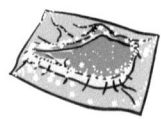

die Tiefkühlkost

de Deepköhlkost

der Aufschnitt

de Opsnitt

die Konserven

de Konserven

das Waschmittel

de Waschmiddel

die Süßigkeiten

de Snoopkraam

die Haushaltsartikel

de Huushooltssaken

das Reinigungsmittel

de Reinmaaktüüch

die Verkäuferin

de Verköpersche

die Kasse

de Kass

der Kassierer

de Kasserer

die Einkaufsliste

de Inkoopslist

die Öffnungszeiten

de Opsparrtieden

die Brieftasche

de Breeftasch

die Kreditkarte

de Kreditkoort

die Tasche

de Tasch

die Plastiktüte

de Plastiktüüt

das Wasser

dat Water

der Saft

de Saft

die Milch

de Melk

die Cola

de Cola

der Wein

de Wien

das Bier

dat Beer

der Alkohol

de Spriet

der Kakao

de Kakao

der Tee

de Tee

der Kaffee

de Koffie

der Espresso

de Espresso

der Cappuccino

de Cappucino

die Banane

de Banaan

der Apfel

de Appel

die Orange

de Appelsien

die Melone

de Meloon

die Zitrone

de Zitroon

die Karotte

de Wöttel

der Knoblauch

de Knuuvlook

der Bambus

de Bambus

die Zwiebel

de Zibbel

der Pilz

de Poggenstohl

die Nüsse

de Nööt

die Nudeln

de Nudeln

die Spaghetti

de Spaghetti

der Reis

de Ries

der Salat

de Salat

die Pommes frites

de Pommes frites

die Bratkartoffeln

de Braadkantüffeln

die Pizza

de Pizza

der Hamburger

de Hamborger

das Sandwich

dat Sandwich

das Schnitzel

dat Snitzel

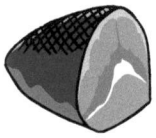

der Schinken

de Schinken

die Salami

de Salami

die Wurst

de Wust

das Huhn

dat Hohn

der Braten

de Braden

der Fisch

de Fisch

das Essen - dat Eten

die Haferflocken
de Haverflocken

das Müsli
dat Müsli

die Cornflakes
de Cornflakes

das Mehl
dat Mehl

das Croissant
de Croissant

das Brötchen
dat Rundstück

das Brot
dat Broot

der Toast
dat Toast

die Kekse
de Keksen

die Butter
de Botter

der Quark
de Quark

der Kuchen
de Koken

das Ei
dat Ei

das Spiegelei
dat Spegelei

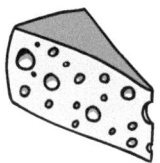

der Käse
de Kees

die Eiscreme

de Ies

der Zucker

de Zucker

der Honig

de Honnig

die Marmelade

de Marmelaad

die Nougat-Creme

de Nougat-Creme

das Curry

dat Curry

de Buernhoff

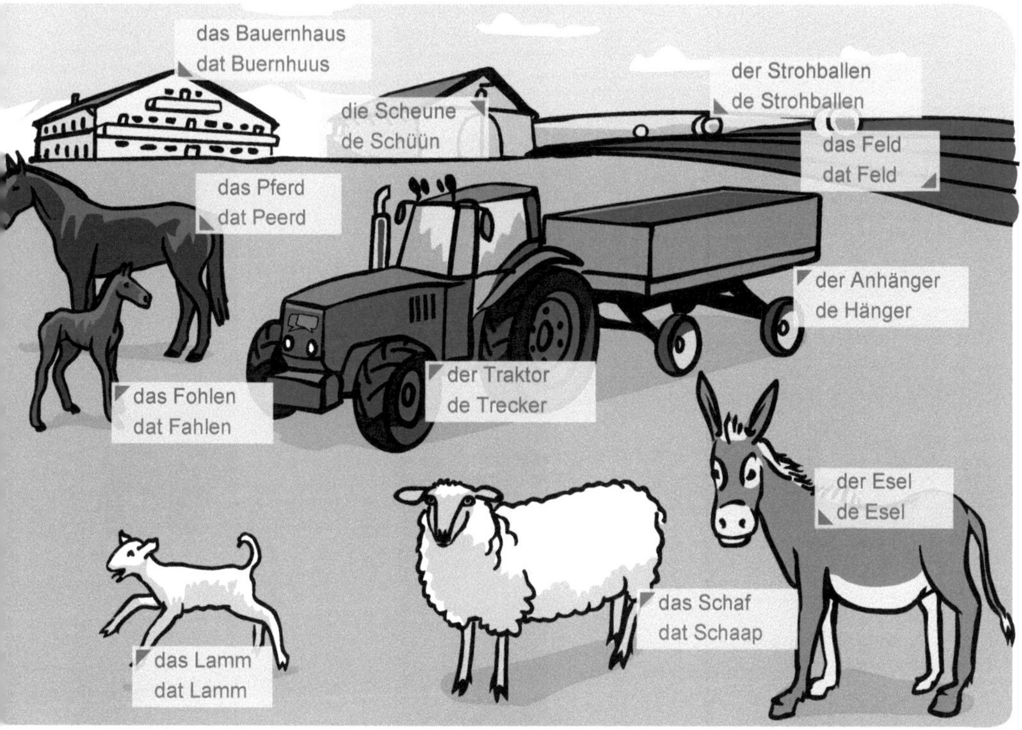
das Bauernhaus
dat Buernhuus
die Scheune
de Schüün
der Strohballen
de Strohballen
das Feld
dat Feld
das Pferd
dat Peerd
der Anhänger
de Hänger
der Traktor
de Trecker
das Fohlen
dat Fahlen
der Esel
de Esel
das Schaf
dat Schaap
das Lamm
dat Lamm

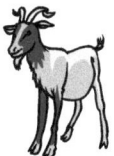

die Ziege

de Zeeg

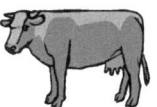

die Kuh

de Koh

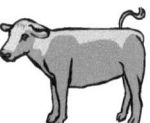

das Kalb

dat Kalf

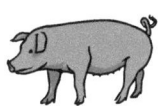

das Schwein

dat Swien

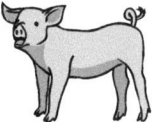

das Ferkel

dat Farken

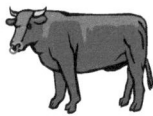

der Bulle

de Bull

die Gans

de Goos

die Ente

de Aant

das Küken

dat Küken

das Huhn

dat Hohn

der Hahn

de Hahn

die Ratte

de Rott

die Katze

de Katt

die Maus

de Muus

der Ochse

de Oss

der Hund

de Hund

die Hundehütte

de Hunnenhütt

der Gartenschlauch

de Goornslauch

die Gießkanne

de Geetkann

die Sense

de Lee

der Pflug

de Ploog

die Sichel

de Sich

die Hacke

de Hack

die Mistgabel

de Mestfork

die Axt

de Ext

die Schubkarre

de Schuufkoor

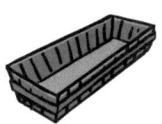

der Trog

de Trog

die Milchkanne

de Melkkann

der Sack

de Sack

der Zaun

de Tuun

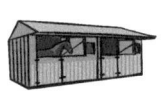

der Stall

de Stall

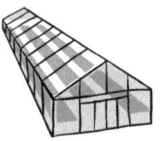

das Treibhaus

dat Drievhuus

der Boden

de Bodden

die Saat

de Saat

der Dünger

de Dünger

der Mähdrescher

de Meihdöscher

ernten
oornen

die Ernte
de Oorn

die Yamswurzel
de Yamswöttel

der Weizen
de Weten

das Soja
dat Soja

die Kartoffel
de Kantüffel

der Mais
de Törksche Weten

der Raps
de Rapp

der Obstbaum
de Aaftboom

der Maniok
de Troopsch Kantüffel

das Getreide
dat Koorn

der Schornstein
de Schosteen

das Dach
dat Dack

das Fenster
dat Finster

die Tür
de Döör

der Mülleimer
de Müllemmer

der Briefkasten
de Breefkassen

der Garten
de Goorn

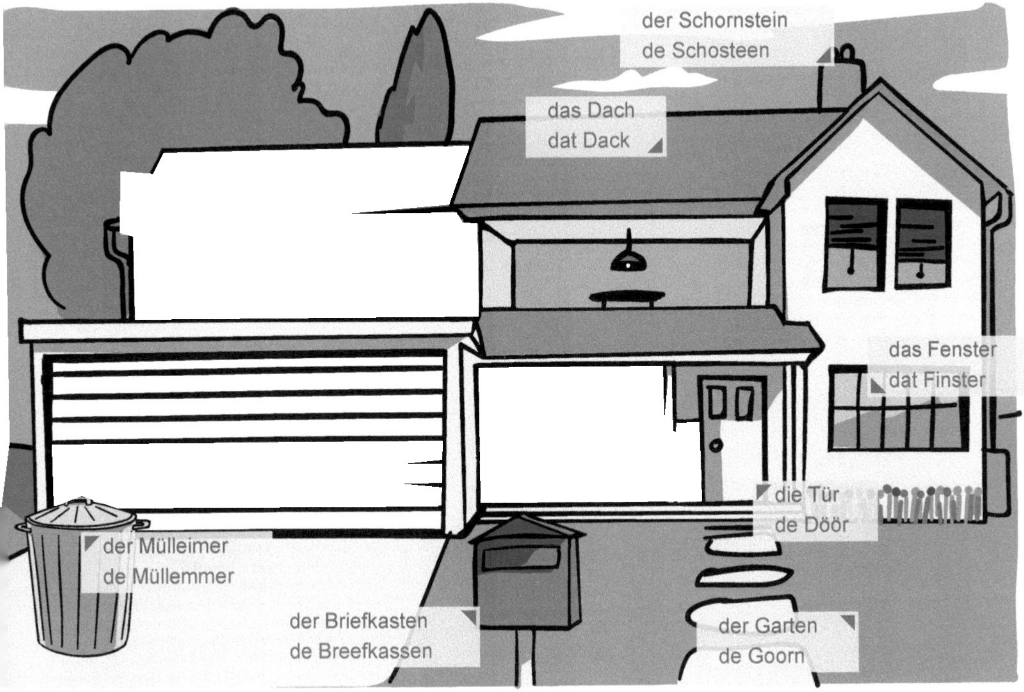

das Wohnzimmer
de Wahnstuuv

das Badezimmer
de Baadstuuv

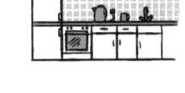

die Küche
de Köök

das Schlafzimmer
de Slaapstuuv

das Kinderzimmer
de Kinnerstuuv

das Esszimmer
de Eetstuuv

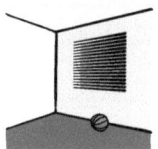

der Boden
de Footbodden

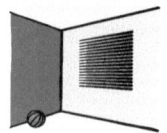

die Wand
de Wand

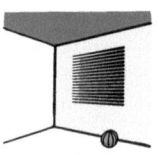

die Decke
de Deek

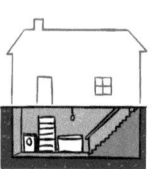

der Keller
de Keller

die Sauna
dat Hittluftbad

der Balkon
de Balkon

die Terrasse
de Terrass

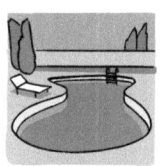

das Schwimmbad
dat Swümmbad

der Rasenmäher
de Rasenmeiher

der Bettbezug
de Bettbetog

die Bettdecke
de Bettdeek

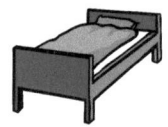

das Bett
de Puuch

der Besen
de Bessen

der Eimer
de Emmer

der Schalter
de Schalter

die Tapete
de Tapeet

das Bild
dat Bild

die Lampe
de Lamp

das Regal
dat Regal

der Schrank
dat Schapp

der Fernseher
de Kiekkassen

...min
...min

die Blume
de Bloom

das Kissen
dat Küssen

das Sofa
dat Sofa

die Vase
de Vaas

die Fernbedienung
de Feernbedenen

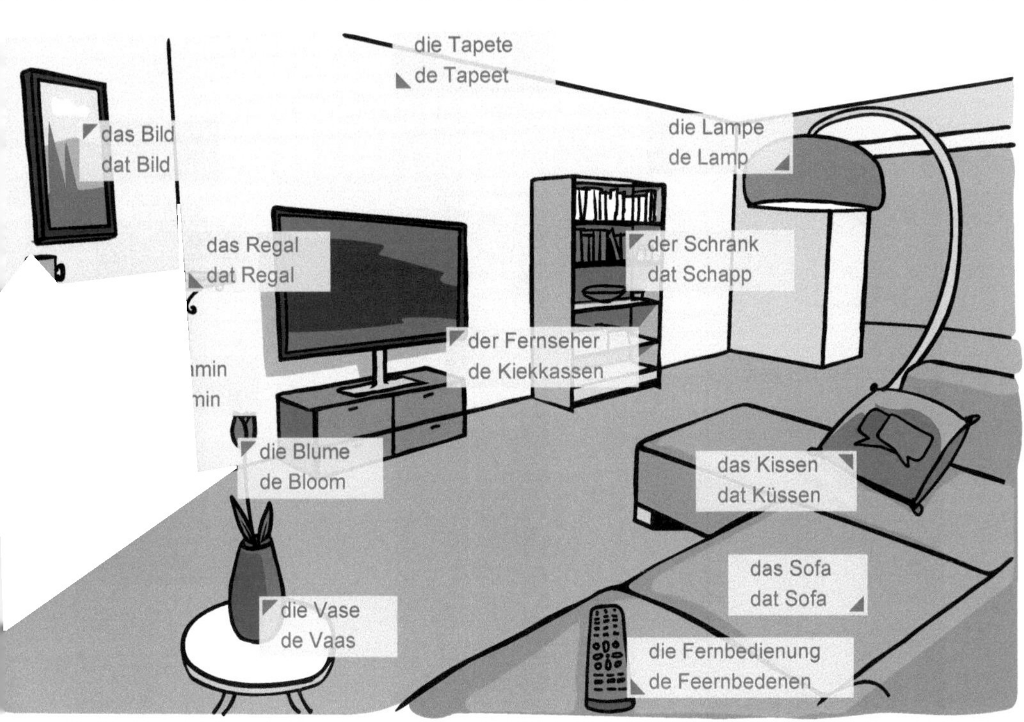

der Teppich
de Teppich

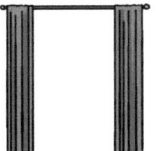

der Vorhang
de Vörhang

der Tisch
de Disch

der Stuhl
de Stohl

der Schaukelstuhl
de Schuckelstohl

der Sessel
de Sessel

das Buch
dat Book

die Decke
de Deek

die Dekoration
de Dekoratschoon

das Feuerholz
dat Füerholt

der Film
de Film

die Stereoanlage
de Stereoanlaag

der Schlüssel
de Slötel

die Zeitung
dat Narichtenblatt

das Gemälde
dat Gemälde

das Poster
dat Poster

das Radio
dat Radio

der Notizblock
de Opschrievblock

der Staubsauger
de Huulbessen

der Kaktus
de Kaktus

die Kerze
de Kars

der Kühlschrank
dat Köhlschapp

die Mikrowelle
de Mikrowell

die Küchenwaage
de Kökenwaag

der Toaster
de Toaster

das Reinigungsmittel
dat Reinmaakmiddel

der Backofen
de Backaven

das Gefrierfach
dat Gefreerfack

der Mülleimer
de Müllemmer

der Geschirrspüler
de Opwaschmaschien

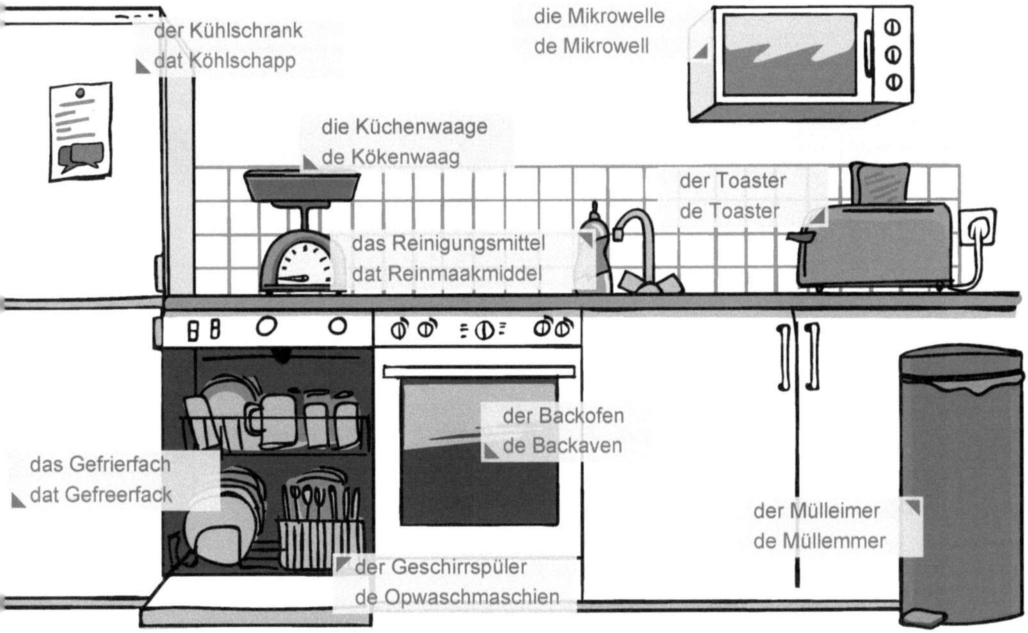

der Herd
de Heerd

der Topf
de Pott

der Eisentopf
de Gussiesern Putt

der Wok / Kadai
de Wok / Kadai

die Pfanne
de Pann

der Wasserkocher
de Waterkaker

der Dampfgarer

de Dampkaakputt

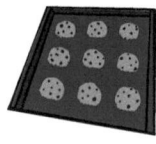

das Backblech

dat Backblick

das Geschirr

dat Geschirr

der Becher

de Beker

die Schale

de Schaal

die Essstäbchen

de Eetsticken

die Suppenkelle

de Suppenkell

der Pfannenwender

de Pannenwenner

der Schneebesen

de Sneebessen

das Kochsieb

dat Kaakseef

das Sieb

dat Seef

die Reibe

de Riev

der Mörser

de Mörser

der Grill

de Grill

die Feuerstelle

de Füerstell

das Schneidebrett

dat Sniedbrett

das Nudelholz

dat Nudelholt

der Korkenzieher

de Proppentrecker

die Dose

de Doos

der Dosenöffner

de Dosenaapner

der Topflappen

de Pottlappen

das Waschbecken

dat Waschbecken

die Bürste

de Böst

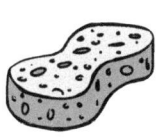

der Schwamm

de Swamm

der Mixer

de Mixer

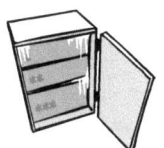

die Gefriertruhe

dat Iesschapp

die Babyflasche

de Nuckelbuddel

der Wasserhahn

de Waterhahn

de Baadstuuv

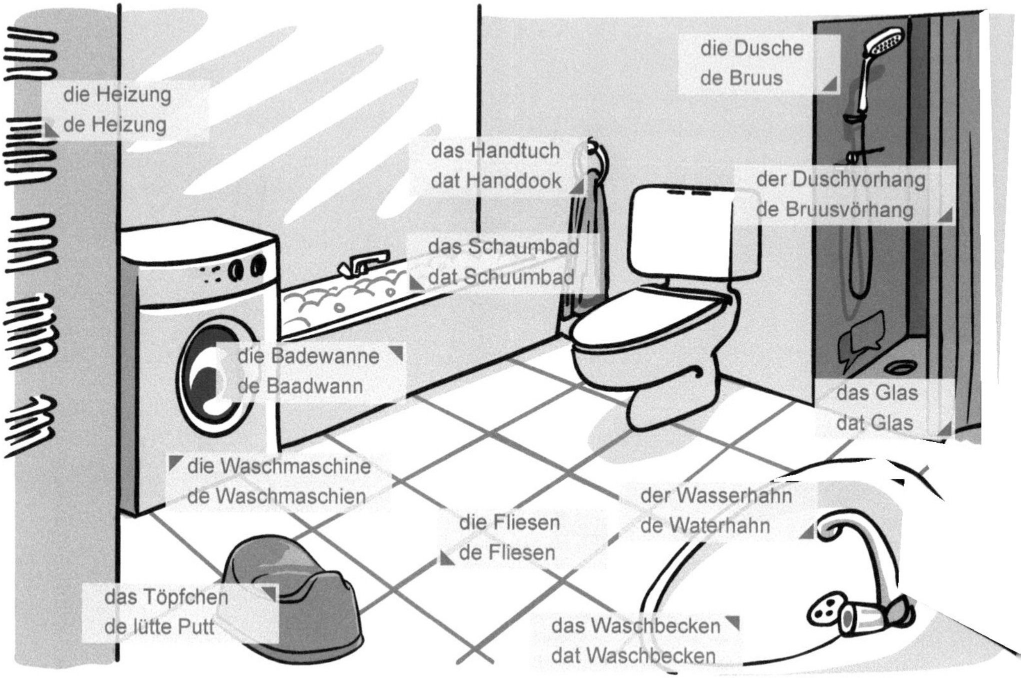

die Heizung
de Heizung

die Dusche
de Bruus

das Handtuch
dat Handdook

der Duschvorhang
de Bruusvörhang

das Schaumbad
dat Schuumbad

die Badewanne
de Baadwann

das Glas
dat Glas

die Waschmaschine
de Waschmaschien

der Wasserhahn
de Waterhahn

die Fliesen
de Fliesen

das Töpfchen
de lütte Putt

das Waschbecken
dat Waschbecken

die Toilette
de Tante Meier

die Hocktoilette
de Hockklo

das Bidet
dat Bidet

das Pissoir
dat Miegbecken

das Toilettenpapier
dat Klopapeer

die Toilettenbürste
de Kloböst

die Zahnbürste

de Tähnböst

die Zahnpasta

de Tähnpast

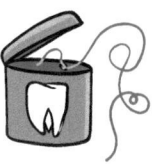

die Zahnseide

de Tähnsied

waschen

waschen

die Handbrause

de Handbruus

die Intimdusche

de Intimbruus

die Waschschüssel

de Waschschöttel

die Rückenbürste

de Rüchböst

die Seife

de Seep

das Duschgel

dat Bruusgeel

das Shampoo

dat Hoorwaschmiddel

der Waschlappen

de Waschlappen

der Abfluss

de Afloop

die Creme

de Creme

das Deodorant

dat Deodorant

der Spiegel

de Spegel

der Kosmetikspiegel

de Kosmetikspegel

der Rasierer

de Raserer

der Rasierschaum

de Raseerschuum

das Rasierwasser

dat Raseerwater

der Kamm

de Kamm

die Bürste

de Böst

der Föhn

de Hoordröger

das Haarspray

dat Hoorspray

das Makeup

de Smink

der Lippenstift

de Lippensticken

der Nagellack

de Nagellack

die Watte

de Watt

die Nagelschere

de Nagelscheer

das Parfum

dat Rüükwater

der Kulturbeutel
....
de Kulturbüdel

der Hocker
....
de Schemel

die Waage
....
de Waag

der Bademantel
....
de Baadmantel

die Gummihandschuhe
....
de Gummihanschen

das Tampon
....
de Tampon

die Damenbinde
....
de Damenbinn

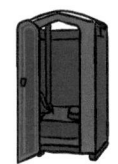

die Chemietoilette
....
dat Chemieklo

de Kinnerstuuv

der Wecker
de Wecker
das Kuscheltier
dat Knudeldeert
das Spielzeugauto
dat Speeltüüchauto
die Rassel
de Klöter
das Puppenhaus
dat Poppenhuus
das Geschenk
dat Geschenk

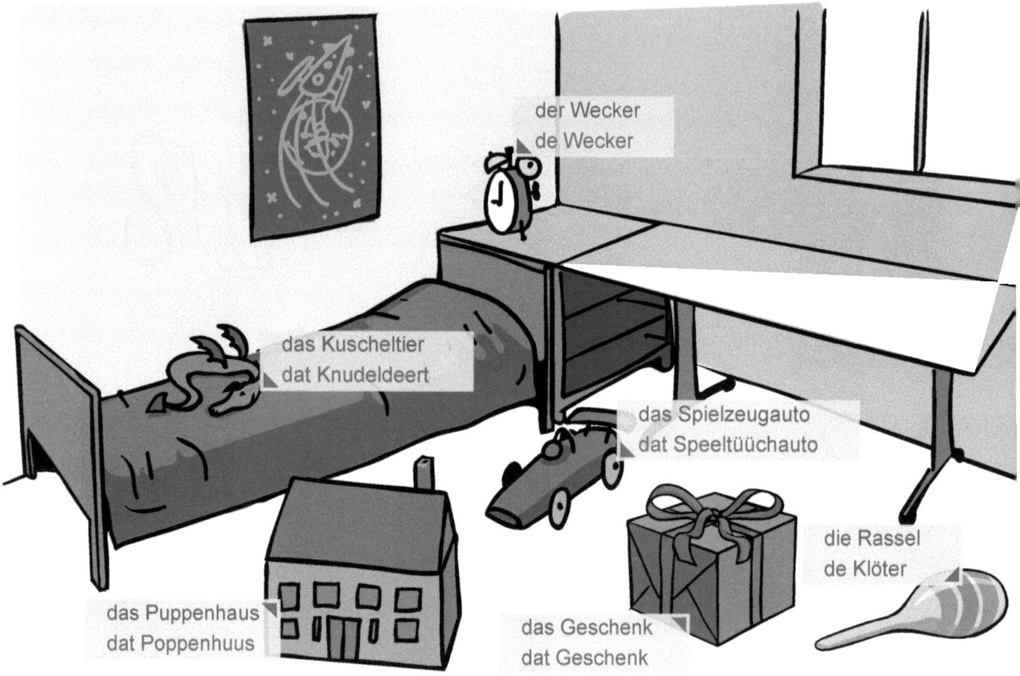

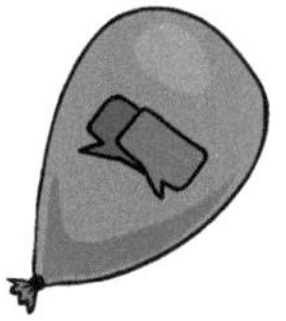

der Ballon

de Luftballon

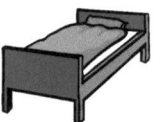

das Bett

de Puuch

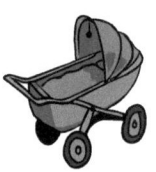

der Kinderwagen

de Kinnerwagen

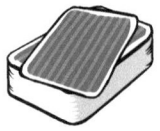

das Kartenspiel

dat Koortenspeel

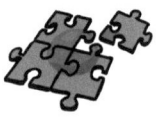

das Puzzle

dat Puzzle

SUPER
MEGA

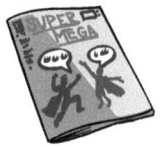

der Comic

de Billergeschicht

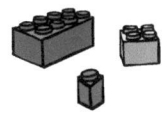

die Legosteine

de Legostenen

die Bausteine

de Bustenen

die Action Figur

de Action-Figur

der Strampelanzug

de Strampelantog

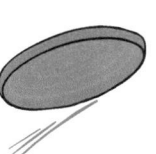

das Frisbee

de Frisbeeschiev

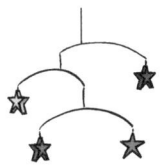

das Mobile

dat Mobile

das Brettspiel

dat Brettspeel

der Würfel

de Wörpel

die Modelleisenbahn

de Modelliesenbahn

der Schnuller

de Snuller

die Party

de Party

das Bilderbuch

dat Billerbook

der Ball

de Ball

die Puppe

de Popp

spielen

spelen

der Sandkasten
de Sandkassen

die Schaukel
de Schuckel

das Spielzeug
dat Speeltüüch

die Spielkonsole
de Speelkonsool

das Dreirad
dat Dreerad

der Teddy
de Teddyboor

der Kleiderschrank
dat Klederschapp

dat Tüüch

die Socken
de Socken

die Strümpfe
de Strümp

die Strumpfhose
de Strumpbüx

der Schal
- dat Halsdook

der Regenschirm
de Paraplü

das T-Shirt
dat T-Shirt

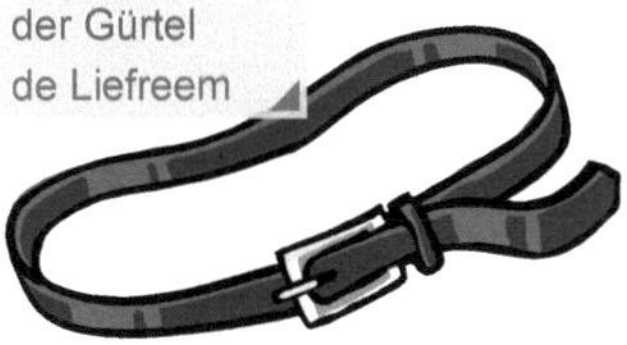

der Gürtel
de Liefreem

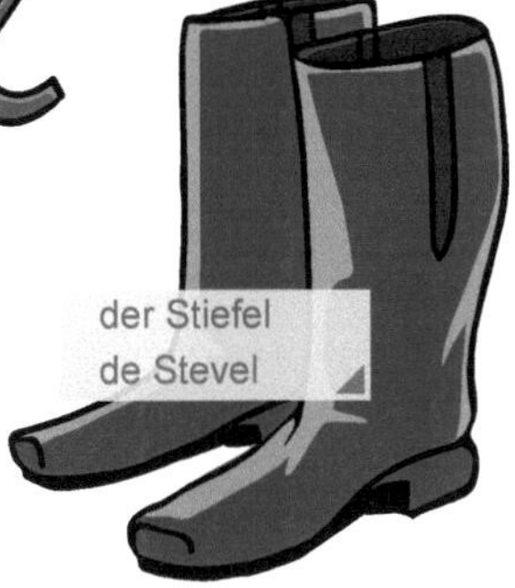

der Stiefel
de Stevel

die Hausschuhe
de Puuschen

die Turnschuhe
de Turnschoh

die Sandalen
....
de Sandalen

die Schuhe
....
de Schoh

die Gummistiefel
....
de Gummistevel

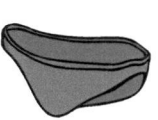

die Unterhose
....
de Ünnerbüx

der Büstenhalter
....
de Bostholler

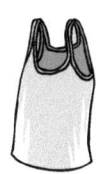

das Unterhemd
....
dat Ünnerhemd

der Body
de Lief

die Hose
de Büx

die Jeans
de Jeansnüx

der Rock
de Rock

die Bluse
de Bluus

das Hemd
dat Hemd

der Pullover
de Pullover

der Kapuzenpullover
de Kapuzenpullover

der Blazer
de Blazer

die Jacke
de Jack

der Mantel
de Mantel

der Regenmantel
de Övertrecker

das Kostüm
dat Kostüm

das Kleid
dat Kleed

das Hochzeitskleid
dat Hochtietskleed

der Anzug

de Antog

das Nachthemd

dat Nachtkleed

der Schlafanzug

de Slaapantog

der Sari

de Sari

das Kopftuch

dat Koppdook

der Turban

de Turban

die Burka

de Burka

der Kaftan

de Kaftan

die Abaya

de Abaya

der Badeanzug

de Baadantog

die Badehose

de Baadbüx

die kurze Hose

de Korte Büx

der Trainingsanzug

de Antog to'n Öven

die Schürze

de Schört

die Handschuhe

de Handschoh

die Kleidung - dat Tüüch

der Knopf
de Knopp

die Brille
de Brill

das Armband
dat Armband

die Halskette
de Halskeed

der Ring
de Ring

der Ohrring
de Ohrbummel

die Mütze
de Mütz

der Kleiderbügel
de Klederbögel

der Hut
de Hoot

die Krawatte
de Binner

der Reißverschluss
de Rietslüter

der Helm
de Helm

der Hosenträger
dat Drachtband

die Schuluniform
de Schooluniform

die Uniform
de Uniform

das Lätzchen

de Severböten

der Schnuller

de Snuller

die Windel

de Winnel

der Server
de Server

der Aktenschrank
dat Aktenschapp

der Drucker
de Drucker

das Papier
dat Papeer

der Monitor
de Bildschirm

die Maus
de Muus

die Tastatur
dat Knoopboord

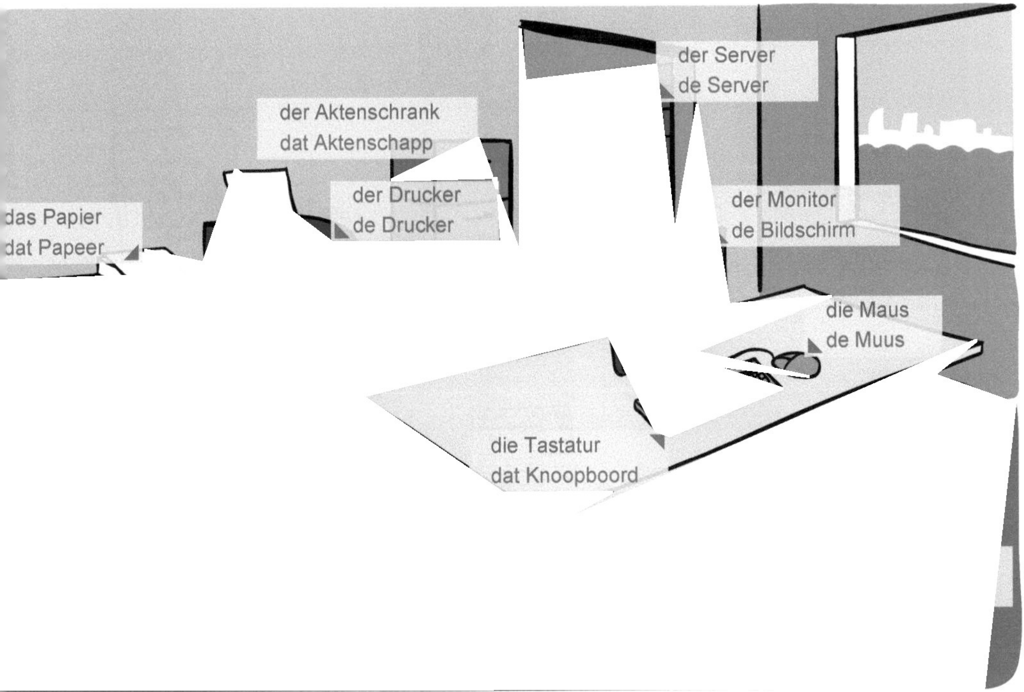

der Kaffeebecher

de Koffiebeker

der Taschenrechner

de Taschenreekner

das Internet

dat Internet

der Laptop

de Klappreekner

der Brief

de Breef

die Nachricht

de Naricht

das Handy

de Ackersnacker

das Netzwerk

dat Nettwark

der Kopierer

de Kopeerapparat

die Software

de Software

das Telefon

de Klöönkassen

die Steckdose

de Steekdoos

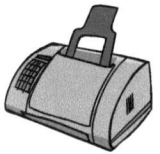

das Fax

de Faxapparat

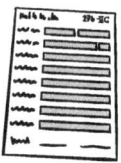

das Formular

dat Formulor

das Dokument

dat Dokument

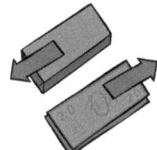

kaufen
köpen

bezahlen
betahlen

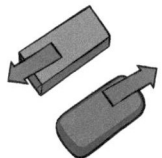

handeln
hanneln

das Geld
dat Geld

 **USD**

der Dollar
de Dollar

 **EUR**

der Euro
de Euro

 **JPY**

der Yen
de Yen

 **RUB**

der Rubel
de Ruvel

 **CHF**

der Franken
de Swiezer Franken

 **CNY**

der Renminbi Yuan
de Renminbi Yuan

 **INR**

die Rupie
de Rupie

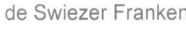

der Geldautomat
de Geldautomat

die Wechselstube

de Wesselstuuv

das Gold

dat Gold

das Silber

dat Sülver

das Öl

dat Ööl

die Energie

de Energie

der Preis

de Pries

der Vertrag

de Verdrag

die Steuer

de Stüer

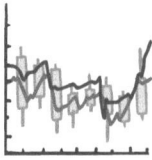

die Aktie

de Andeelschien

arbeiten

arbeiden

der Angestellte

de Anstellte

der Arbeitgeber

de Arbeitgever

die Fabrik

de Fabrik

das Geschäft

de Hökerie

der Polizist
de Wachtmeester

der Feuerwehrmann
de Füerwehrmann

der Koch
de Kock

der Arzt
de Dokter

der Pilot
de Fleger

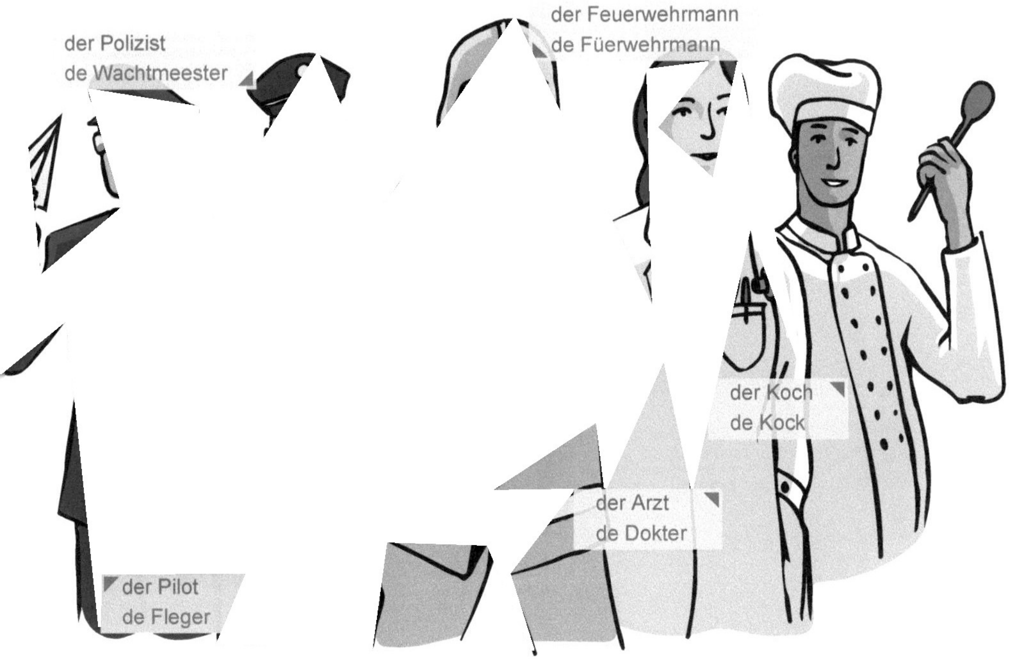

der Gärtner
de Goorner

der Tischler
de Discher

die Näherin
de Neihersche

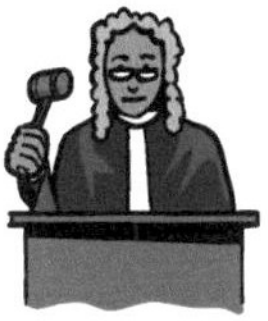

der Richter
de Richter

der Chemiker
de Chemiker

der Schauspieler
de Schauspeler

der Busfahrer
de Busfohrer

der Taxifahrer
de Taxifohrer

der Fischer
de Fischer

die Putzfrau
de Reinmaakfru

der Dachdecker
de Dackdecker

der Kellner
de Kellner

der Jäger
de Jäger

der Maler
de Maler

der Bäcker
de Bäcker

der Elektriker
de Elektriker

der Bauarbeiter
de Buarbeider

der Ingenieur
de Ingenieur

der Schlachter
de Slachter

der Klempner
de Klempner

der Postbote
de Postbüdel

die Berufe - de Profeschonen

der Soldat

de Suldat

der Architekt

de Architekt

der Kassierer

de Kasserer

der Florist

de Florist

der Friseur

de Putzbüdel

der Schaffner

de Schaffner

der Mechaniker

de Mechaniker

der Kapitän

de Kaptein

der Zahnarzt

de Tähndokter

der Wissenschaftler

de Wetenschopler

der Rabbi

de Rabbi

der Imam

de Imam

der Mönch

de Mönk

der Geistliche

de Paap

dat Warktüüch

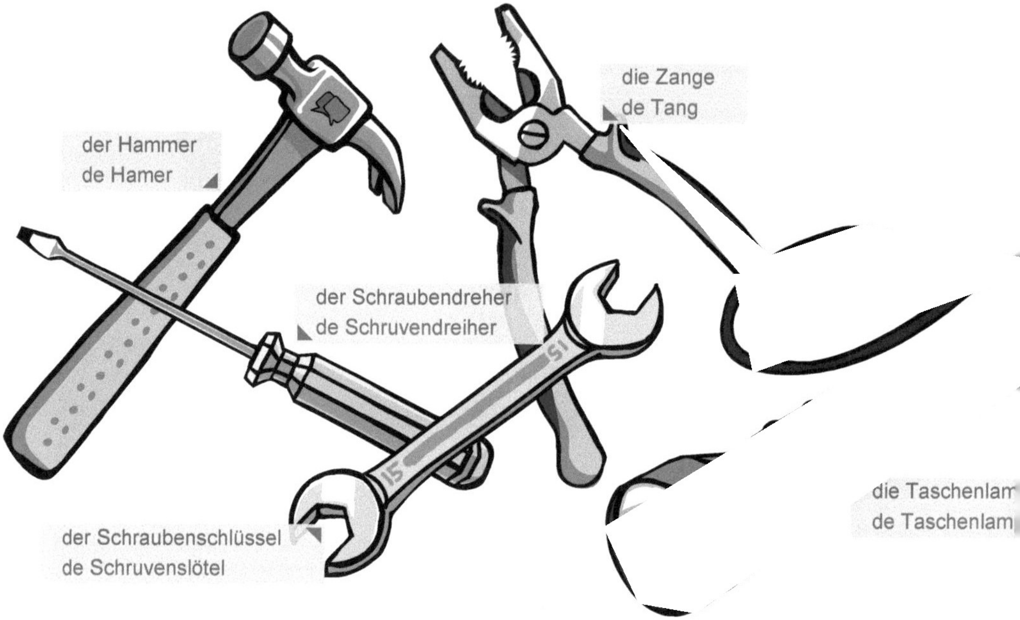
die Zange
de Tang
der Hammer
de Hamer
der Schraubendreher
de Schruvendreiher
die Taschenlam
de Taschenlam
der Schraubenschlüssel
de Schruvenslötel

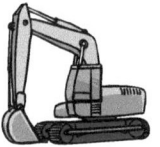

der Bagger

de Grieper

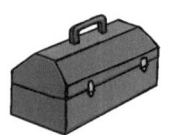

der Werkzeugkasten

de Warktüüchkassen

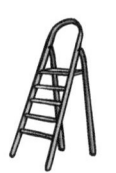

die Leiter

de Ledder

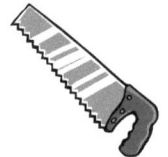

die Säge

de Saag

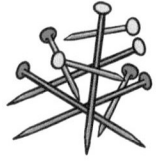

die Nägel

de Nagels

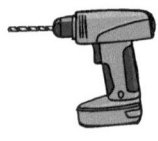

der Bohrer

de Bohrer

reparieren
heelmaken

die Schaufel
de Schüffel

Mist!
Schiet!

das Kehrblech
dat Kehrblick

der Farbtopf
de Farvpott

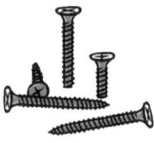

die Schrauben
de Schruven

de Musikinstrumenten

der Lautsprecher
de Luutsnacker

das Schlagzeug
dat Slagtüüch

die Gitarre
de Rietfiedel

der Kontrabass
de Bass-Vigelien

die Trompete
de Trumpeet

das Klavier

dat Klaveer

die Violine

de Vigelien

der Bass

de Bass

die Pauke

de Pauk

die Trommeln

de Trummeln

das Keyboard

dat Keyboard

das Saxophon

dat Saxophon

die Flöte

de Fleut

das Mikrofon

dat Mikrofoon

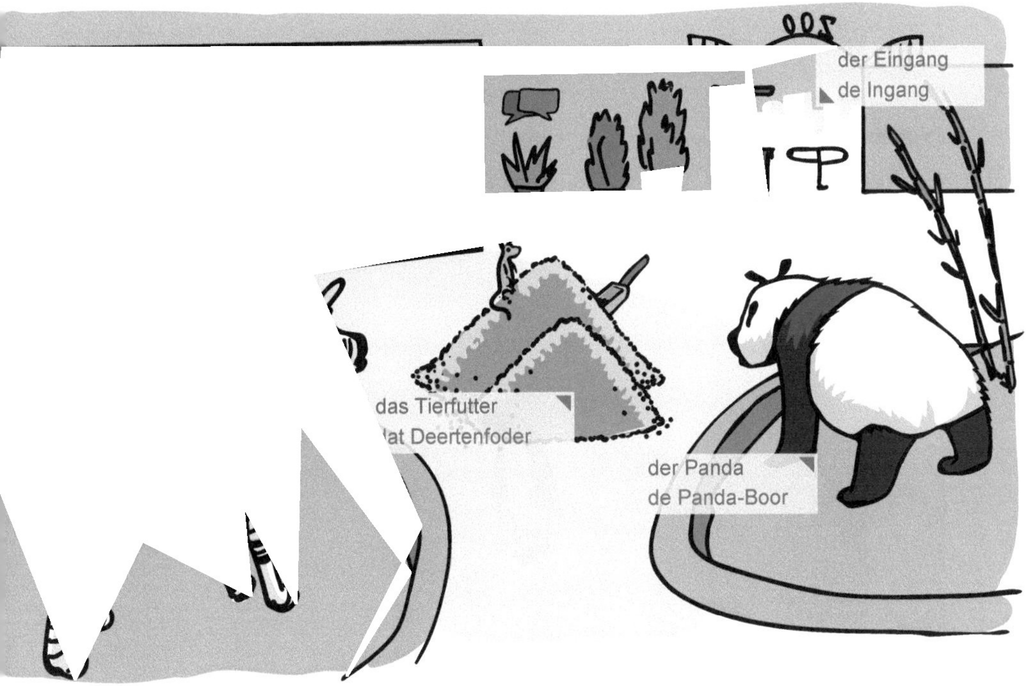

der Eingang
de Ingang

das Tierfutter
dat Deertenfoder

der Panda
de Panda-Boor

die Tiere
de Deerten

der Elefant
de Elefant

das Känguruh
dat Känguru

das Nashorn
dat Neeshoorn

der Gorilla
de Gorilla

der Bär
de Boor

das Kamel

dat Kameel

der Strauß

de Struuß

der Löwe

de Lööv

der Affe

de Aap

der Flamingo

de Flamingo

der Papagei

de Papagoi

der Eisbär

de Iesboor

der Pinguin

de Pinguin

der Hai

de Haifisch

der Pfau

de Pageluun

die Schlange

de Slang

das Krokodil

dat Krokodil

der Zoowärter

de Oppasser in'n
Deertenpark

die Robbe

de Saalhund

der Jaguar

de Jaguor

das Pony
dat Pony

der Leopard
de Leopard

das Nilpferd
dat Nilpeerd

die Giraffe
de Giraff

der Adler
de Aadler

das Wildschwein
dat Wildswien

der Fisch
de Fisch

die Schildkröte
de Schildkrööt

das Walross
dat Walross

der Fuchs
de Voss

die Gazelle
de Gazell

das American Football
de Amerikaansch Football

das Radfahren
dat Radfohren

das Tennis
dat Tennis

der Basketball
de Korfball

das Schwimmen
dat Swümmen

das Eishockey
dat Ieshockey

das Boxen
dat Boxen

der Fußball
de Football

das Badminton
dat Fedderball

die Leichtathletik
de Leichtathletik

der Handball
de Handball

das Skilaufen
dat Skilopen

das Polo
dat Polo

springen
springen

umarmen
ümarmen

lachen
lachen

gehen
gahn

singen
singen

träumen
drömen

beten
beden

küssen
snuteln

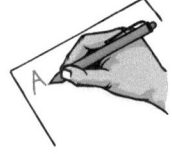

schreiben
schrieven

zeichnen
teken

zeigen
wiesen

drücken
drücken

geben
geven

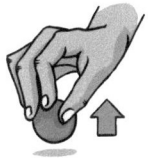

nehmen
nehmen

haben
hebben

tun
doon

sein
sien

stehen
stahn

laufen
lopen

ziehen
trecken

werfen
smieten

fallen
fallen

liegen
liggen

warten
töven

tragen
dregen

sitzen
sitten

anziehen
antrecken

schlafen
slapen

aufwachen
opwaken

ansehen

ankieken

weinen

wenen

streicheln

eien

kämmen

kämmen

reden

snacken

verstehen

verstahn

fragen

fragen

hören

hören

trinken

drinken

essen

eten

aufräumen

oprümen

lieben

leefhebben

kochen

kaken

fahren

fohren

fliegen

flegen

segeln
segeln

rechnen
reken

lesen
lesen

lernen
lehren

arbeiten
arbeiden

heiraten
de Plünnen tohoopsmieten

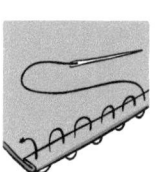

nähen
neihen

Zähne putzen
Tähnen putzen

töten
dootmaken

rauchen
smöken

senden
schicken

e Großmutter
Grootmoder

der Großvater
de Grootvadder

der Vater
de Vadder

die Mutter
de Moder

s Baby
t Winnelkind

die Tochter
de Dochter

der Sohn
de Söhn

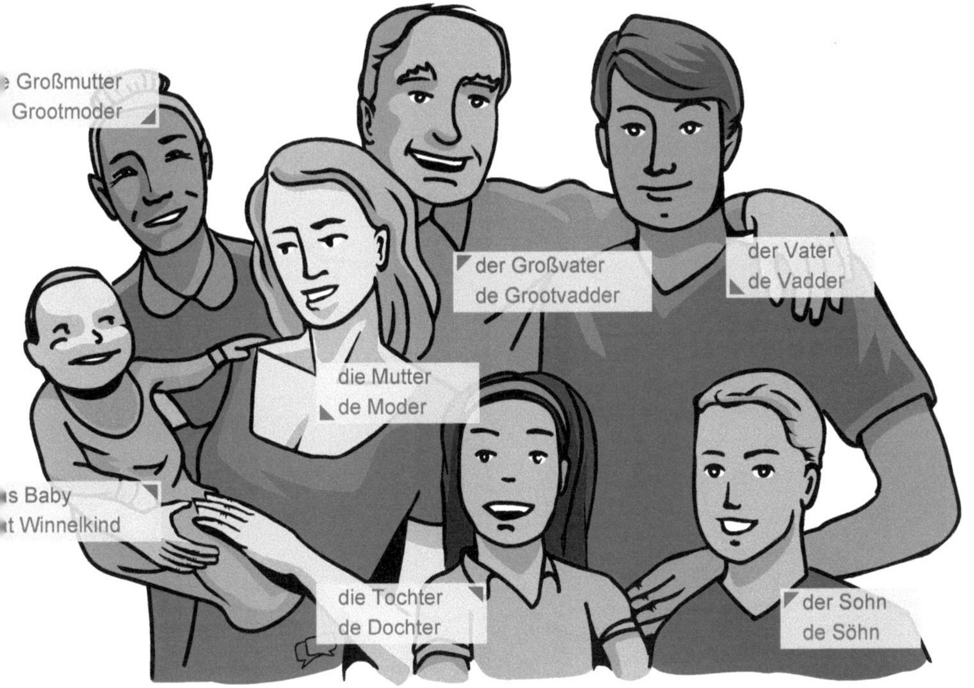

der Gast
de Gast

die Tante
de Tant

der Onkel
de Unkel

der Bruder
de Broder

die Schwester
de Süster

die Stirn
de Vörkopp

das Auge
dat Oog

die Schulter
de Schuller

der Finger
de Finger

das Gesicht
dat Gesicht

das Kinn
dat Kinn

die Hand
de Hand

die Brust
de Bost

das Bein
dat Been

der Arm
de Arm

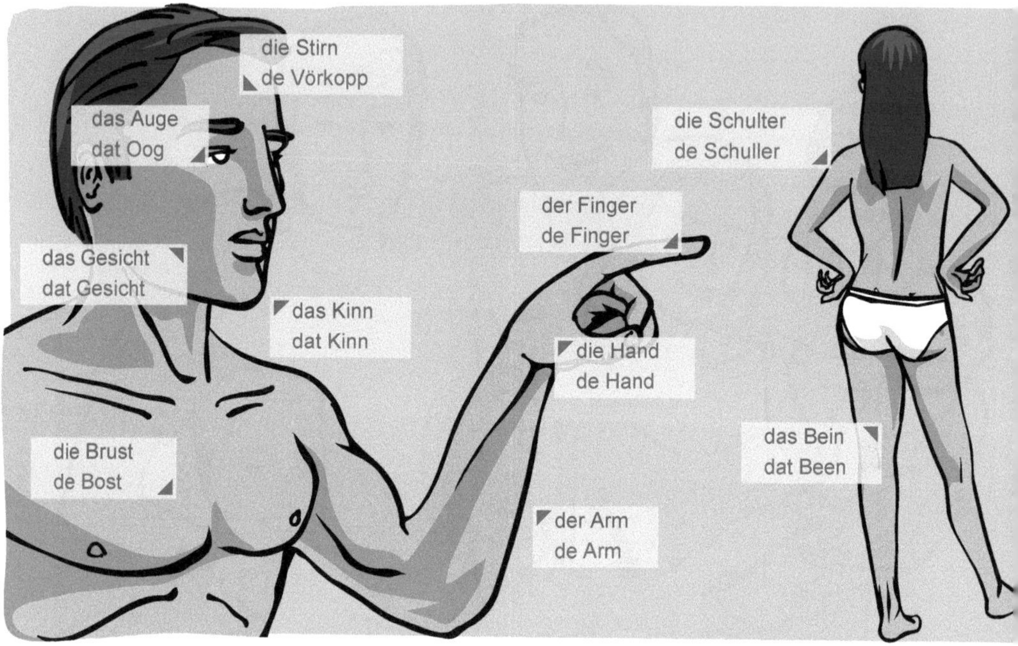

das Baby
dat Winnelkind

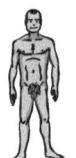

der Mann
de Mann

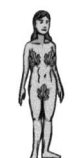

die Frau
de Fro

das Mädchen
de Deern

der Junge
de Jung

der Kopf
de Arm

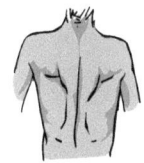

der Rücken
de Rüch

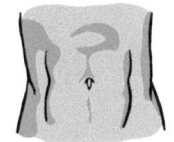

der Bauch
de Buuk

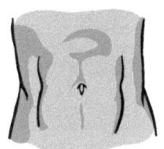

der Nabel
de Navel

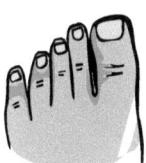

der Zeh
de Teh

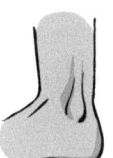

die Ferse
de Hack

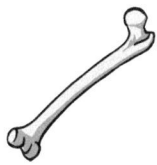

der Knochen
de Knaken

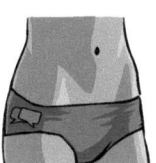

die Hüfte
de Hüft

das Knie
dat Knee

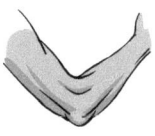

der Ellenbogen
de Ellbagen

die Nase
de Nees

das Gesäß
de Achtersen

die Haut
de Huut

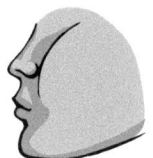

die Wange
de Back

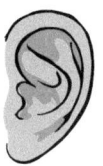

das Ohr
dat Ohr

die Lippe
de Lipp

der Körper - de Lief

der Mund

de Mund

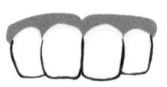

der Zahn

de Tähn

die Zunge

de Tung

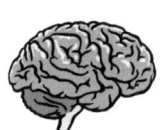

das Gehirn

de Bregen

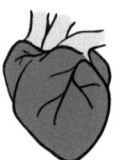

das Herz

dat Hart

der Muskel

de Muskel

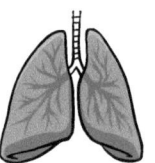

die Lunge

de Lung

die Leber

de Lever

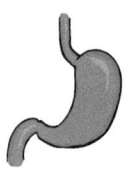

der Magen

de Maag

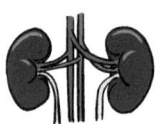

die Nieren

de Neren

der Geschlechtsverkehr

de Bislaap

das Kondom

dat Kondoom

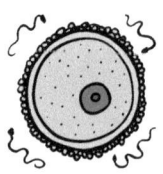

die Eizelle

de Eizell

das Sperma

dat Sperma

die Schwangerschaft

de Anner Ümstänn

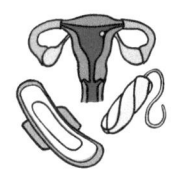

die Menstruation
de Menstruatschoon

die Vagina
de Scheed

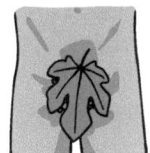

der Penis
de Pint

die Augenbraue
de Ogenbroe

das Haar
dat Hoor

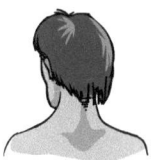

der Hals
de Hals

dat Krankenhuus

das Krankenhaus
dat Krankenhuus
der Rollstuhl
de Rullstohl
der Bruch
de Bruch

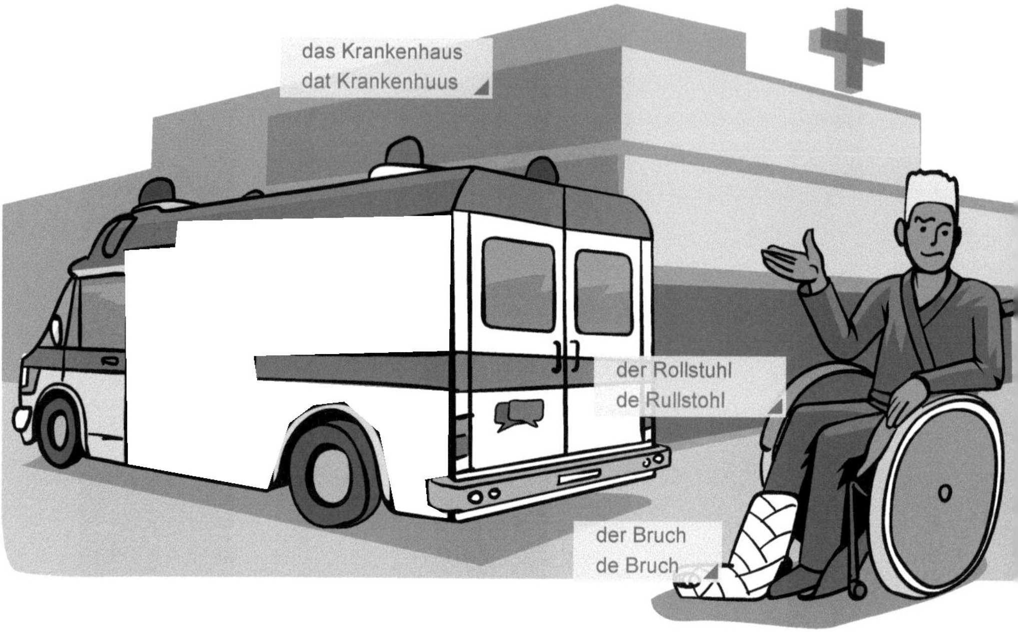

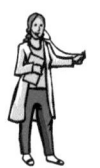

der Arzt

de Dokter

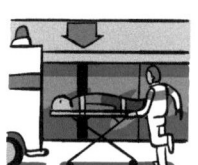

die Notaufnahme

de Nootopnahm

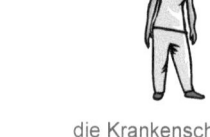

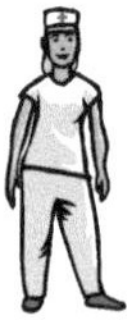

die Krankenschwester

de Krankensüster

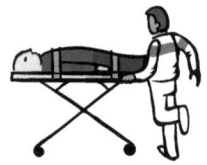

der Notfall

de Nootfall

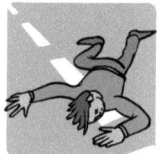

ohnmächtig

ahnmächtig

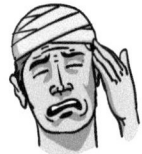

der Schmerz

de Wehdaag

die Verletzung
de Verwunnen

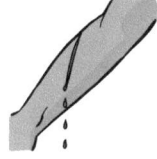

die Blutung
de Blöden

der Herzinfarkt
de Hartinfarkt

der Schlaganfall
de Slaganfall

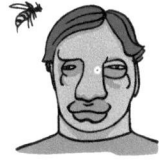

die Allergie
de Allergie

der Husten
de Hoosten

das Fieber
dat Fever

die Grippe
de Gripp

der Durchfall
de Dörchfall

die Kopfschmerzen
de Koppwehdaag

der Krebs
de Kreeft

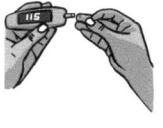

die Diabetis
de Zuckersüük

der Chirurg
de Chirurg

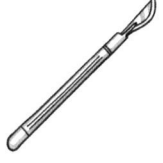

das Skalpell
dat Chirurgsch Mess

die Operation
de Operatschoon

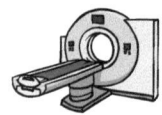

das CT

dat CT

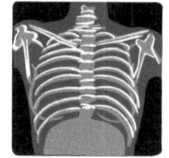

das Röntgen

de Dörchlüchten

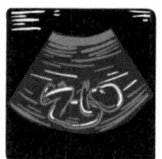

das Ultraschall

de Ultraschall

die Maske

de Mask

die Krankheit

de Krankheit

das Wartezimmer

de Töövruum

die Krücke

de Krück

das Pflaster

dat Plaaster

der Verband

de Verband

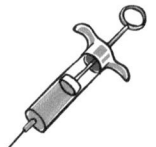

die Injektion

de Insprütten

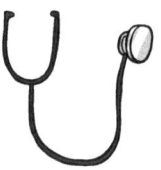

das Stethoskop

dat Stethoskop

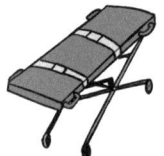

die Trage

de Draag

das Thermometer

dat Feverthermometer

die Geburt

de Geboort

das Übergewicht

dat Övergewicht

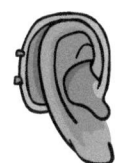

das Hörgerät

de Höörapparat

das Desinfektionsmittel

dat Kiemfriemiddel

die Infektion

de Ansteken

das Virus

de Virus

das HIV / AIDS

dat HIV / AIDS

die Medizin

dat Heelmiddel

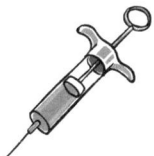

die Impfung

de Impen

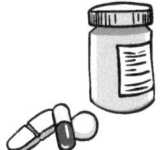

die Tabletten

de Tabletten

die Pille

de Pill

der Notruf

de Nootroop

das Blutdruck-Messgerät

de Blootdruck-Meter

krank / gesund

krank / gesund

Hilfe!

Hölp!

der Alarm

de Alarm

der Überfall

de Överfall

der Angriff

de Angreep

die Gefahr

de Gefohr

der Notausgang

de Nootutgang

Feuer!

dat Füer!

der Feuerlöscher

de Füerlöscher

der Unfall

de Unfall

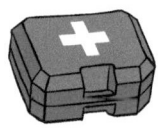

der Erste-Hilfe-Koffer

de Noothölpkoffer

SOS

SOS

die Polizei

de Polizei

das Europa

Europa

das Nordamerika

Noordamerika

das Südamerika

Süüdamerika

das Afrika

Afrika

das Asien

Asien

das Australien

Australien

der Atlantik

de Atlantik

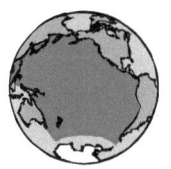

der Pazifik

de Pazifik

der Indische Ozean

dat Indisch Weltmeer

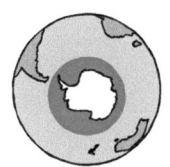

der Antarktische Ozean

dat Antarktisch Weltmeer

der Arktische Ozean

dat Arktisch Weltmeer

der Nordpol

de Noordpol

die Erde - de Eerd

der Südpol

de Süüdpol

die Antarktis

de Antarktis

die Erde

de Eerd

das Land

dat Land

das Meer

de See

die Insel

dat Eiland

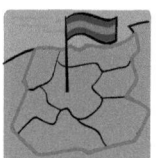

die Nation

de Natschoon

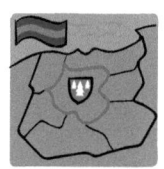

der Staat

de Staat

das Zifferblatt

dat Tallenblatt

der Stundenzeiger

de Stunnenwieser

der Minutenzeiger

de Minutenwieser

der Sekundenzeiger

de Sekunnenwieser

Wie spät ist es?

Wo laat is dat?

der Tag

de Dag

die Zeit

de Tiet

jetzt

nu

die Digitaluhr

de digetaalsch Klock

die Minute

de Minuut

die Stunde

de Stunn

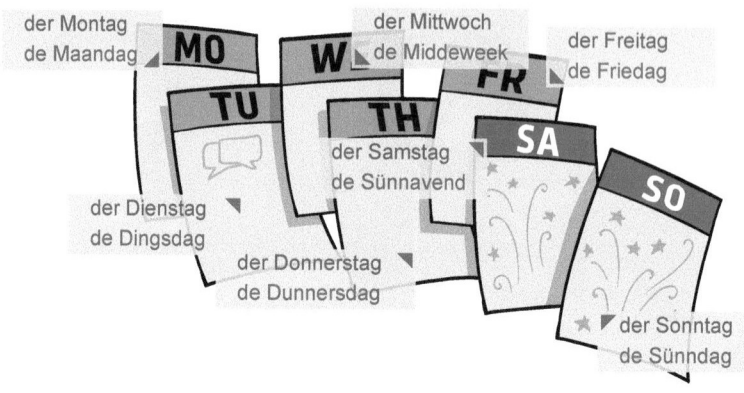

der Montag / de Maandag
der Mittwoch / de Middeweek
der Freitag / de Friedag
der Dienstag / de Dingsdag
der Samstag / de Sünnavend
der Donnerstag / de Dunnersdag
der Sonntag / de Sünndag

gestern
güstern

heute
hüüt

morgen
morgen

der Morgen
de Morgen

der Mittag
de Meddag

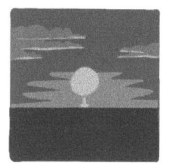

der Abend
de Avend

MO	TU	WE	TH	FR	SA	SU
1	2	3	4	5	6	7
8	9	10	11	12	13	14
15	16	17	18	19	20	21
22	23	24	25	26	27	28
29	30	31	1	2	3	4

die Arbeitstage
de Arbeitsdaag

MO	TU	WE	TH	FR	SA	SU
1	2	3	4	5	6	7
8	9	10	11	12	13	14
15	16	17	18	19	20	21
22	23	24	25	26	27	28
29	30	31	1	2	3	4

das Wochenende
dat Wekenenn

der Regen
de Regen

der Regenbogen
de Regenbagen

der Schnee
de Snee

der Wind
de Wind

der Frühling
dat Fröhjohr

der Herbst
de Harvst

der Sommer
de Sommer

der Winter
de Winter

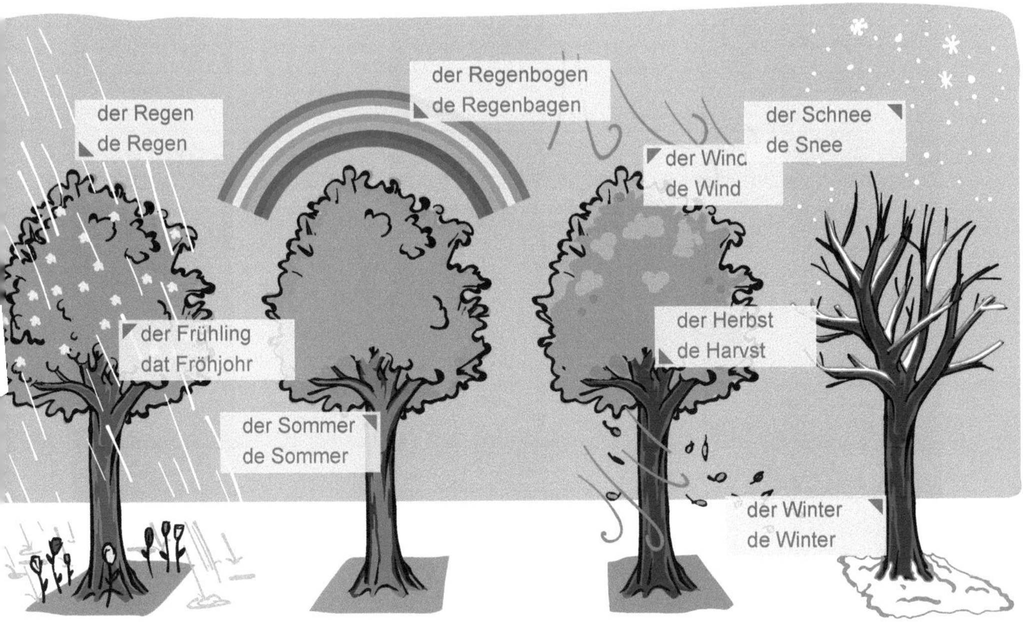

die Wettervorhersage
de Wedervörhersaag

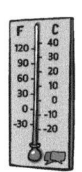

das Thermometer
dat Thermometer

der Sonnenschein
de Sünnenschien

die Wolke
de Wulk

der Nebel
de Nevel

die Luftfeuchtigkeit
de Luftfuchtigkeit

der Blitz

de Blitz

der Donner

de Dunner

der Sturm

de Storm

der Hagel

de Hagel

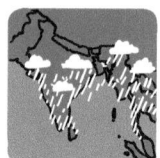

der Monsun

de Monsun

die Flut

de Floot

das Eis

dat Ies

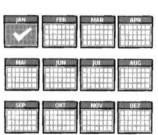

der Januar

de Januormaand

der Februar

de Februormaand

der März

de Martmaand

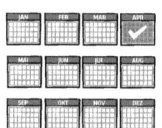

der April

de Aprilmaand

der Mai

de Maimaand

der Juni

de Junimaand

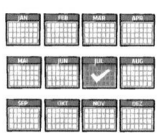

der Juli

de Julimaand

der August

de Augustmaand

das Jahr - dat Johr

der September
de Septembermaand

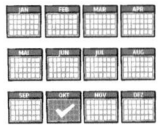

der Oktober
de Oktobermaand

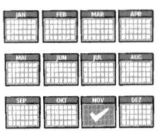

der November
de Novembermaand

der Dezember
de Dezembermaand

de Formen

der Kreis
de Krink

das Quadrat
dat Quadrat

das Rechteck
dat Rechteck

das Dreieck
dat Dreeeck

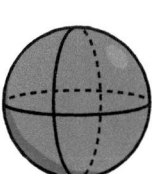

die Kugel
de Kugel

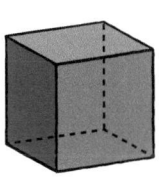

der Würfel
de Wörpel

weiß

witt

gelb

geel

orange

orangsch

pink

pink

rot

root

lila

lila

blau

blau

grün

gröön

braun

bruun

grau

gries

schwarz

swart

viel / wenig

veel / wenig

wütend / friedlich

böös / verdreeglich

hübsch / hässlich

smuck / mies

der Anfang / das Ende

de Begünn / dat Enn

groß / klein

groot / lütt

hell / dunkel

hell / düüster

der Bruder / die Schwester

de Broder / de Süster

sauber / schmutzig

schier / schietig

vollständig / unvollständig

kumpleet / nich kumpleet

der Tag / die Nacht

de Dag / de Nacht

tot / lebendig

doot / lebennig

breit / schmal

breet / small

genießbar / ungenießbar

geneetbor / nich geneetbor

böse / freundlich

böös / fründlich

aufgeregt / gelangweilt

fickerig / langwielt

dick / dünn

dick / dünn

zuerst / zuletzt

toeerst / toletzt

der Freund / der Feind

de Fründ / de Fiend

voll / leer

vull / leddig

hart / weich

hart / week

schwer / leicht

swoor / licht

der Hunger / der Durst

de Smacht / de Döst

krank / gesund

krank / gesund

illegal / legal

nich na't Recht / na't Recht

intelligent / dumm

klook / dummerhaftig

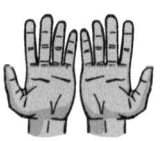

links / rechts

linkerhand / rechterhand

nah / fern

neeg / feern

die Gegenteile - de Gegendelen

neu / gebraucht

nieg / bruukt

nichts / etwas

nix / wat

alt / jung

oolt / jung

an / aus

an / ut

offen / geschlossen

apen / slaten

leise / laut

lies / luut

reich / arm

riek / arm

richtig / falsch

richtig / verkehrt

rau / glatt

ruug / glatt

traurig / glücklich

trurig / glücklich

kurz / lang

kort / lang

langsam / schnell

suutje / flink

nass / trocken

natt / dröög

warm / kühl

warm / köhl

der Krieg / der Frieden

de Krieg / de Freden

die Gegenteile - de Gegendelen

0

null
null

1

eins
een

2

zwei
twee

3

drei
dree

4

vier
veer

5

fünf
fief

6

sechs
söss

7

sieben
söven

8

acht
acht

9

neun
negen

10

zehn
teihn

11

elf
ölven

12

zwölf
twölf

13

dreizehn
dörteihn

14

vierzehn
veerteihn

15

fünfzehn
föffteihn

16

sechzehn
sössteihn

17

siebzehn
söventeihn

18

achtzehn
achtteihn

19

neunzehn
negenteihn

20

zwanzig
twintig

100

hundert
hunnert

1.000

tausend
dusend

1.000.000

million
million

Englisch
dat Engelsch

Amerikanisches Englisch
dat Amerikaansch Engelsch

Chinesisch Mandarin
dat Chineesch Mandarin

Hindi
dat Hindi

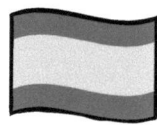

Spanisch
dat Spaansch

Französisch
dat Franzöösch

Arabisch
dat Araabsch

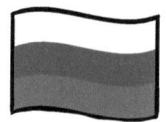

Russisch
dat Rusch

Portugiesisch
dat Portugiesch

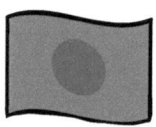

Bengalisch
dat Bengaalsch

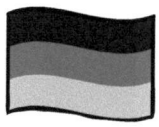

Deutsch
dat Düütsch

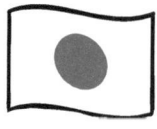

Japanisch
dat Japaansch

ich
....
ik

du
....
du

er / sie / es
....
he / se / dat

wir
....
wi

ihr
....
ji

sie
....
se

wer?
....
keen?

was?
....
wat?

wie?
....
woans?

wo?
....
woneem?

wann?
....
wannehr?

Name
....
de Naam

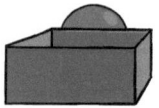

hinter
....
achter

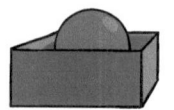

in
....
in

vor
....
vör

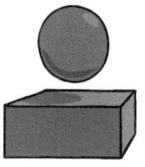

über
....
över

auf
....
op

unter
....
ünner

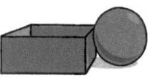

neben
....
blangen

zwischen
....
twüschen

der Ort
....
de Oort